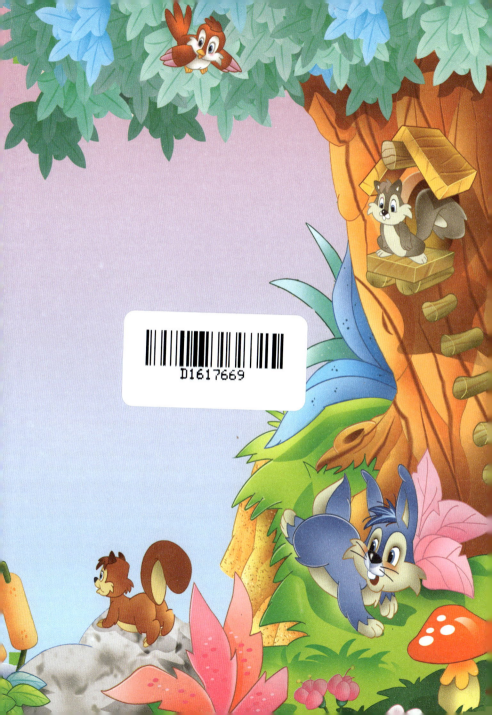

Ilustraciones: Javier Inaraja
Preimpresión: Natalia Rodríguez

© TODOLIBRO EDICIONES, S.A.
C/ Campezo, 13 - 28022 Madrid
Tel.: 91 3009115 - Fax: 91 3009110
www.todolibro.es

Cuentos
Fantásticos

TODOLIBRO

LA SIRENITA

Había una vez una bella sirena que vivía en el fondo del mar. Estaba triste porque no le dejaban subir a la superficie.

SIN EMBARGO, UNA NOCHE
LLEGÓ HASTA ARRIBA A
ESCONDIDAS PARA ADMIRAR LAS
ESTRELLAS.

Y VIO UN BARCO QUE SE
HUNDÍA EN LA TORMENTA.
LA SIRENITA SALVÓ A UN
JOVEN DE LAS OLAS.

LO LLEVÓ A LA PLAYA Y VIO CÓMO LO RECOGÍAN SUS LACAYOS, PUES ERA UN PRÍNCIPE.

DESEÓ TENER PIERNAS PARA PODER ACOMPAÑARLO.

LA BRUJA DEL MAR SE LAS DIO, PERO A CAMBIO DE SU VOZ.

EL PRÍNCIPE LA LLEVÓ A PALACIO, AUNQUE ELLA NO PUDO PRONUNCIAR NI UNA PALABRA.

ALLÍ LE PRESENTÓ A SU NOVIA. TRISTE, LA SIRENITA DECIDIÓ VOLVER AL MAR.

SU PADRE, EL REY, LA
PERDONÓ Y LE DEVOLVIÓ
SU COLA.

DESDE ENTONCES, CADA VEZ QUE HAY LUNA LLENA, LA SIRENITA SUBE A VER PASAR LOS BARCOS Y RECUERDA A SU PRÍNCIPE.

EL PATITO FEO

En una granja,
una pata tuvo
cuatro hermosos
patitos, pero
el quinto...
¡salió tan feúcho...!

NADIE LO QUERÍA Y SE REÍAN DE ÉL, ASÍ QUE DECIDIÓ IRSE DE LA GRANJA.

EN EL RÍO, EL PERRO DE UNOS CAZADORES INTENTÓ ATRAPARLO.

LOGRÓ ESCAPAR, PERO SEGUÍA SOLO. LLEGÓ EL INVIERNO Y EL PATITO PASABA MUCHO FRÍO EN EL BOSQUE.

UNA MUJER QUE LO ENCONTRÓ
LO LLEVÓ A SU CASA PENSANDO
QUE LE DARÍA HUEVOS.

PERO ALLÍ VIVÍAN OTROS
ANIMALES QUE TAMPOCO
LO QUERÍAN...
¡ADEMÁS,
NO PONÍA
HUEVOS!

CANSADA DE QUE NO LE
DIESE NADA, LA MUJER
LO ECHÓ Y VOLVIÓ A
QUEDARSE SOLO
EN EL BOSQUE.

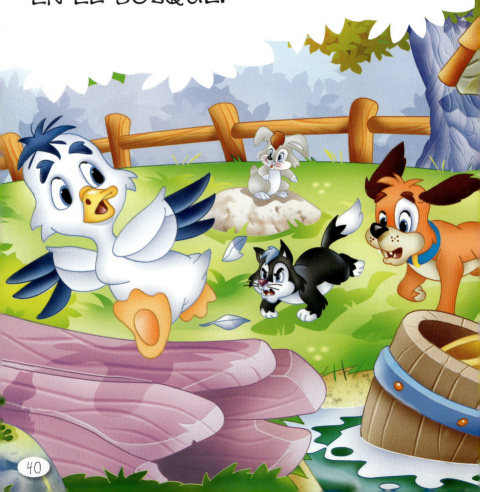

Y PASÓ EL TIEMPO. HASTA QUE UN DÍA VIO SU REFLEJO EN EL AGUA... ¡AHORA ERA UN HERMOSO CISNE!

Y POR FIN TENÍA AMIGOS,
LOS OTROS CISNES.
CON ELLOS ECHÓ A VOLAR Y,
AL PASAR SOBRE LA GRANJA
DONDE NACIÓ, TODOS LOS
ANIMALES ADMIRARON SU
BELLEZA Y EXCLAMARON:
—¡QUÉ BONITOS!

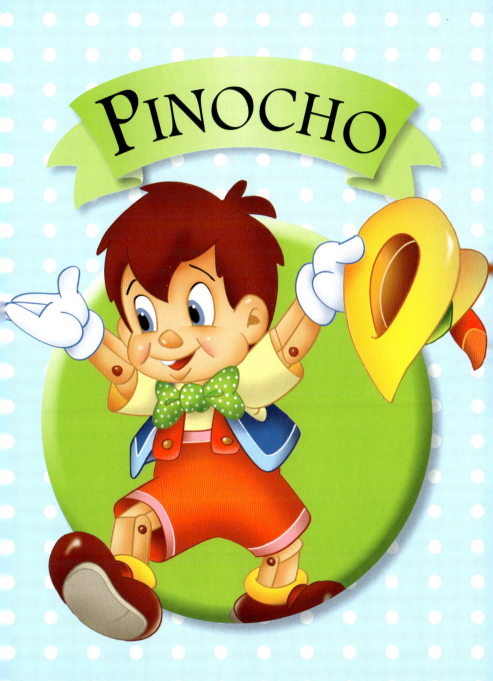

PINOCHO

UN CARPINTERO LLAMADO GEPETTO CONSTRUYÓ UN MUÑECO DE MADERA Y LE PUSO POR NOMBRE PINOCHO. DESPUÉS, UN HADA DECIDIÓ PREMIAR AL ANCIANO Y DIO VIDA AL MUÑECO.

UN DÍA, PINOCHO
DEBÍA IR AL COLEGIO, PERO
SE FUE AL CIRCO CON
EL ZORRO Y EL GATO.

CIRCUS

51

ALLÍ LO CONVENCIERON
PARA ACTUAR CON LAS
MARIONETAS Y
LE PAGARON CON
CUATRO MONEDAS.

CON ESE DINERO,
PINOCHO IBA A COMPRARLE
UN ABRIGO A GEPETTO, PERO
EL ZORRO LO ATRAPÓ ANTES...

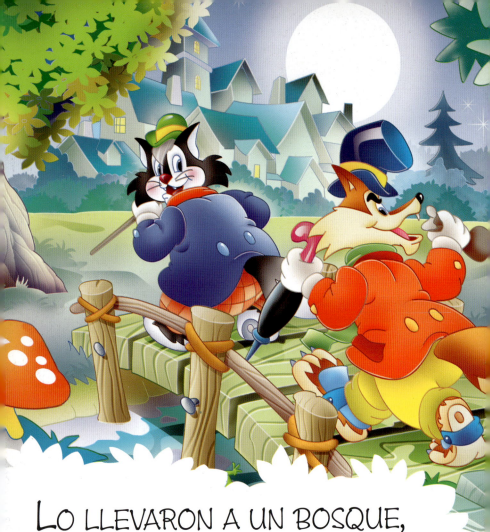

LO LLEVARON A UN BOSQUE,
DONDE LO COLGARON DE UN
ÁRBOL Y LE ROBARON LAS
MONEDAS.

EL HADA LO DEVOLVIÓ A SU CASA Y LE HIZO PROMETER QUE IRÍA AL COLEGIO.

PERO DE NUEVO DESOBEDECIÓ Y SE MARCHÓ CON OTROS NIÑOS AL PAÍS DE LOS JUGUETES.

AL VOLVER A CASA NO ESTABA
GEPETTO, QUE, PREOCUPADO,
SE HABÍA IDO A BUSCARLE. AL
CARPINTERO SE LO TRAGÓ
UNA BALLENA, PERO
PINOCHO LO RESCATÓ.

EL HADA PERDONÓ
A PINOCHO POR SU
VALENTÍA Y LO CONVIRTIÓ
EN UN NIÑO DE VERDAD.
PINOCHO NO VOLVIÓ A
DESOBEDECER Y VIVIÓ
FELIZ JUNTO A GEPETTO.

RICITOS DE ORO

Un lindo día, papá oso, mamá osa y osito salieron a pasear mientras se enfriaba la sopa.

RICITOS DE ORO TAMBIÉN SALIÓ
A PASEAR. LLEGÓ HASTA
LA CASA DE LOS OSOS Y,
CURIOSA, DECIDIÓ ENTRAR.

COMO TENÍA HAMBRE,
PROBÓ LAS SOPAS Y SE
TOMÓ LA DEL PEQUEÑO.

DESPUÉS DE COMER
SINTIÓ SUEÑO Y SUBIÓ
AL DORMITORIO
A DESCANSAR
UN RATITO.

DE LAS TRES CAMAS
QUE HABÍA, ELIGIÓ LA
MÁS PEQUEÑA Y SE QUEDÓ
DORMIDA EN ELLA.

AL REGRESAR, LOS
OSOS SE PREGUNTARON
QUIÉN SE HABRÍA
TOMADO LA SOPA
DEL PEQUEÑO.

SUBIERON AL DORMITORIO Y DESCUBRIERON QUE EL INTRUSO ERA TAN SOLO UNA NIÑA DE DORADOS CABELLOS.

RICITOS DE ORO PIDIÓ
DISCULPAS A LOS OSOS Y
ESTOS LA INVITARON
A PASAR LA TARDE
CON ELLOS.

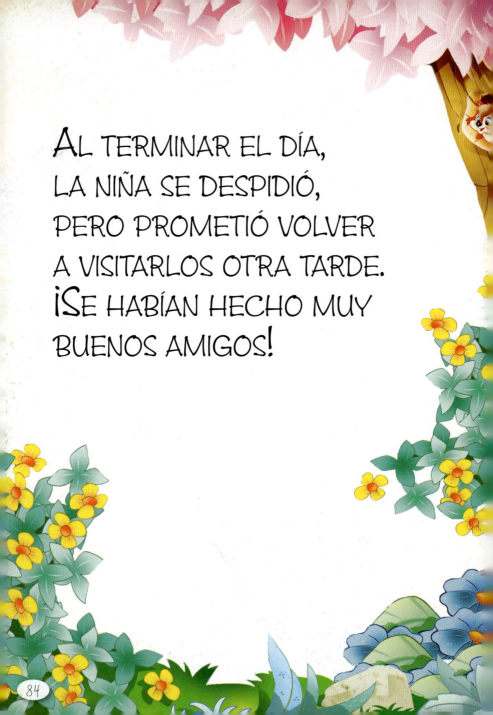

Al terminar el día,
la niña se despidió,
pero prometió volver
a visitarlos otra tarde.
¡Se habían hecho muy
buenos amigos!

CENICIENTA

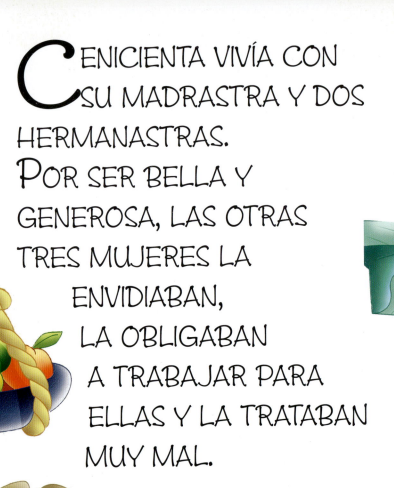

CENICIENTA VIVÍA CON SU MADRASTRA Y DOS HERMANASTRAS. POR SER BELLA Y GENEROSA, LAS OTRAS TRES MUJERES LA ENVIDIABAN, LA OBLIGABAN A TRABAJAR PARA ELLAS Y LA TRATABAN MUY MAL.

EN PALACIO SE ORGANIZÓ UNA FIESTA PARA BUSCAR ESPOSA AL PRÍNCIPE, PERO A ELLA NO LE DEJARON ASISTIR.

CENICIENTA LLORÓ SIN CONSUELO, PUES DESEABA ESTAR ALLÍ. ENTONCES APARECIÓ SU HADA MADRINA.

CON LA VARITA MÁGICA LE HIZO UN HERMOSO VESTIDO Y CONVIRTIÓ UNA CALABAZA EN UNA BONITA CARROZA.

EL HADA LE ADVIRTIÓ QUE EL HECHIZO SE ROMPERÍA A LAS DOCE EN PUNTO DE LA NOCHE.

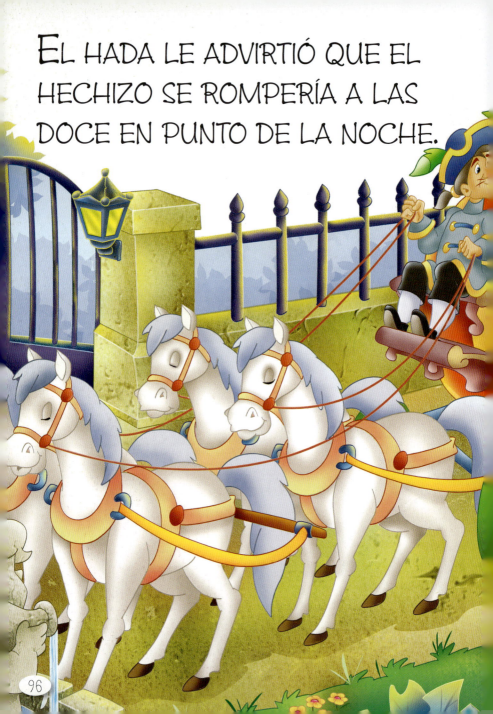

EL PRÍNCIPE QUEDÓ PRENDADO DE ELLA Y BAILÓ TODO EL TIEMPO CON CENICIENTA.

A MEDIANOCHE, CENICIENTA HUYÓ CORRIENDO, PERO PERDIÓ UN ZAPATO EN SU CARRERA.

El príncipe anunció que probaría el zapato a todas las doncellas del reino y se casaría con su dueña.

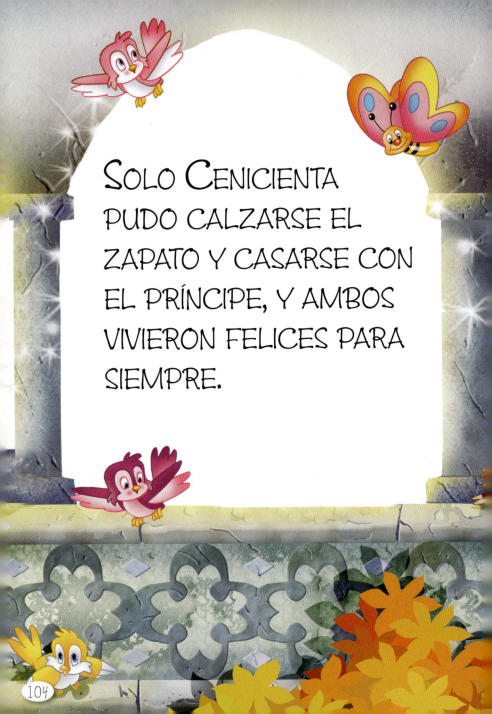

SOLO CENICIENTA PUDO CALZARSE EL ZAPATO Y CASARSE CON EL PRÍNCIPE, Y AMBOS VIVIERON FELICES PARA SIEMPRE.

EL GATO
CON BOTAS

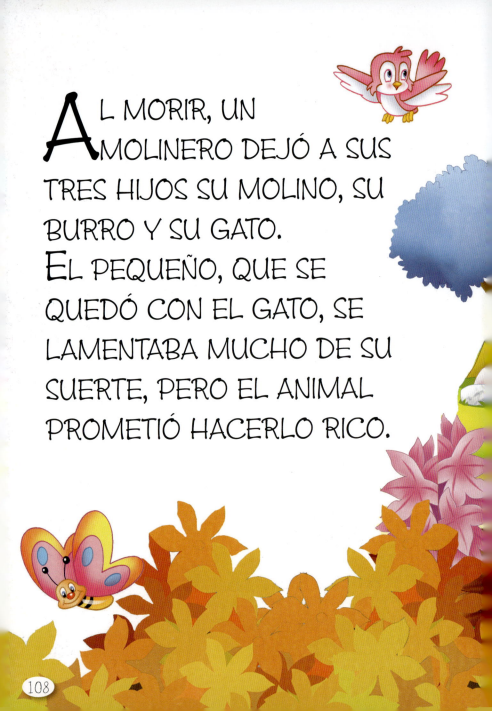

AL MORIR, UN
MOLINERO DEJÓ A SUS
TRES HIJOS SU MOLINO, SU
BURRO Y SU GATO.
EL PEQUEÑO, QUE SE
QUEDÓ CON EL GATO, SE
LAMENTABA MUCHO DE SU
SUERTE, PERO EL ANIMAL
PROMETIÓ HACERLO RICO.

LO PRIMERO QUE HIZO FUE
PEDIR A SU AMO UNAS BOTAS Y
UN SACO Y ASÍ SE FUE AL
PALACIO DEL REY.

DE CAMINO, CAZÓ UN CONEJO Y SE LO OFRECIÓ AL REY DE PARTE DE SU AMO, AL QUE LLAMÓ MARQUÉS DE CARABÁS.

UN DÍA EL GATO PIDIÓ A SU AMO
QUE ENTRARA DESNUDO EN EL
RÍO Y, AL PASAR EL REY, GRITÓ:
—¡AYUDAD AL MARQUÉS DE
CARABÁS!

EL REY INVITÓ AL JOVEN A
SUBIR A LA CARROZA.
MIENTRAS, EL GATO
CORRIÓ A PEDIR A
LOS CAMPESINOS

QUE DIJERAN QUE LAS
TIERRAS QUE TRABAJABAN
ERAN DEL MARQUÉS.

POCO DESPUÉS, EL ASTUTO ANIMAL LLEGÓ AL CASTILLO DEL OGRO Y, CON DULCES PALABRAS, LO RETÓ:

—Apuesto a que no sois
capaz de convertiros en
un pequeño ratón.
Cuando el ogro lo hizo,
el gato se lo comió de un
bocado.

ENTONCES INVITÓ AL MONARCA
A VISITAR EL PALACIO Y DIJO
QUE ERA DEL MARQUÉS
DE CARABÁS.
EL REY QUEDÓ
MARAVILLADO
AL VER TANTA
RIQUEZA.

123

Y ASÍ, EL NUEVO
MARQUÉS DE
CARABÁS SE CASÓ
CON LA PRINCESA.
EL GATO SE CONVIRTIÓ
EN UN GRAN SEÑOR Y EL
MEJOR CONSEJERO DEL
REINO, Y YA NO CORRIÓ TRAS
LOS RATONES MÁS QUE PARA
DIVERTIRSE.

LA CASITA DE
CHOCOLATE

HANSEL Y GRETEL VIVÍAN CON SUS PADRES, QUE ERAN MUY POBRES, EN UNA CASITA EN EL BOSQUE. TODOS LOS DÍAS IBAN CON SU PADRE A RECOGER LEÑA PARA CALENTAR SU HOGAR.

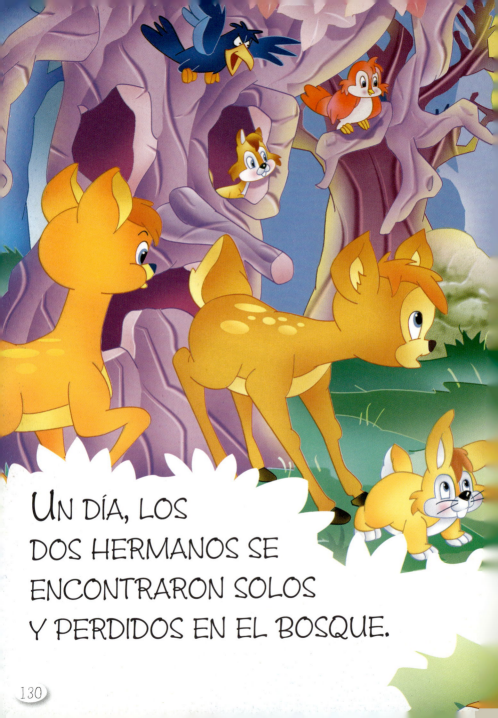

Un día, los
dos hermanos se
encontraron solos
y perdidos en el bosque.

SE PUSIERON A CAMINAR HASTA QUE POR CASUALIDAD DIERON CON UNA CASA HECHA DE CHOCOLATE Y GOLOSINAS.

133

COMO TENÍAN MUCHA HAMBRE, EMPEZARON A COMER TROZOS DE LA CASITA, PERO SU DUEÑA SALIÓ Y LOS INVITÓ A ENTRAR.

La mujer, que era una bruja mala, encerró a Hansel en una jaula y puso a Gretel a trabajar para ella.

La bruja le daba mucha comida a Hansel, pues pretendía hacerlo engordar para luego comérselo. Mientras, su hermana se había convertido en una esclava.

LA BRUJA, QUE VEÍA MUY MAL,
LE TOCABA UN DEDO A HANSEL
A DIARIO PARA VER SI HABÍA
ENGORDADO, PERO ESTE LA
ENGAÑABA CON
UN HUESECILLO.

EL DÍA EN QUE LA BRUJA SE
LO IBA A COMER, PREPARÓ EL
HORNO, PERO LOS NIÑOS LA
ENGAÑARON Y LA EMPUJARON
DENTRO.

143

Y ASÍ, HANSEL Y GRETEL SE FUERON VOLANDO CON LOS TESOROS QUE TENÍA LA BRUJA EN SU CASA. VOLVIERON CON SUS PADRES Y NUNCA MÁS PASARON HAMBRE.

LOS TRES
CERDITOS

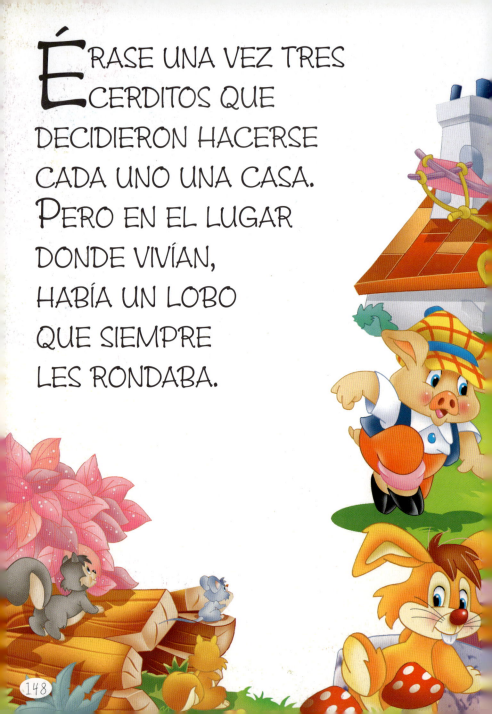

ÉRASE UNA VEZ TRES
CERDITOS QUE
DECIDIERON HACERSE
CADA UNO UNA CASA.
PERO EN EL LUGAR
DONDE VIVÍAN,
HABÍA UN LOBO
QUE SIEMPRE
LES RONDABA.

EL PRIMER CERDITO
DECIDIÓ HACERSE UNA CASITA
DE PAJA Y ECHARSE PRONTO
A DESCANSAR.

El segundo cerdito se la construyó de madera.

EL TERCER CERDITO HIZO UNA
CASA MUY SEGURA Y DURADERA
DE PIEDRA Y CEMENTO.

UN DÍA EL LOBO FUE A POR
EL PRIMERO DE LOS CERDITOS.
SE PUSO A SOPLAR ANTE SU
CASA Y SE LA TIRÓ. EL
CERDITO HUYÓ ESPANTADO.

EL LOBO TAMBIÉN DERRIBÓ LA CASA DE MADERA DE UN SOPLIDO Y LOS DOS CERDITOS HUYERON AL HOGAR DE SU OTRO HERMANO.

EL LOBO AMENAZÓ CON
SOPLAR Y TIRAR LA CASA,
PERO SU DUEÑO NO TENÍA
MIEDO.

COMO NO PUDO TUMBARLA,
ENTRÓ POR LA CHIMENEA, PERO
ATERRIZÓ EN UN CALDERO
CALIENTE.

MUERTO DE DOLOR,
EL LOBO HUYÓ COMO
UN LOCO. ASÍ, LOS TRES
HERMANOS Y LOS DEMÁS
ANIMALITOS DEL BOSQUE
PUDIERON VIVIR TRANQUILOS
PARA SIEMPRE.

CAPERUCITA
ROJA

CAPERUCITA ROJA salió un día de su casa para ir a ver a su abuelita, que estaba enferma. A pesar de que su madre le advirtió que tuviera cuidado con el lobo en el bosque, ella no le hizo caso.

—¿Adónde vas, pequeña niña? —preguntó el lobo. —Voy de visita a casa de mi abuelita —respondió ella.

MIENTRAS CAPERUCITA
RECOGÍA FLORES, EL LOBO
TRAZÓ UN PLAN Y CORRIÓ
A CASA DE LA ABUELITA.

EL MALVADO ENTRÓ DIRECTO A POR ELLA, PERO LA ABUELITA PUDO METERSE EN EL ARMARIO.

¡Justo a tiempo!

EL LOBO SE DISFRAZÓ DE
ABUELA Y SE METIÓ
EN LA CAMA A
ESPERAR A
LA NIÑA.

AL VERLO, CAPERUCITA EXCLAMÓ:
—ABUELITA, ¡QUÉ BOCA TAN
GRANDE TIENES!

—¡ES PARA COMERTE
MEJOR! —EXCLAMÓ EL LOBO,
QUE SALTÓ DE LA CAMA SOBRE
ELLA.

CAPERUCITA HUYÓ, Y UNOS CAZADORES QUE PASABAN POR ALLÍ DISPARARON SOBRE EL LOBO CUANDO ESTE LA PERSEGUÍA.

YA SIN LA AMENAZA DEL LOBO, LA ABUELITA SALIÓ DEL ARMARIO Y FUE CORRIENDO A ENCONTRARSE CON CAPERUCITA, QUE CON ESTA AVENTURA APRENDIÓ A NO FIARSE DE LOS DESCONOCIDOS.

EL LIBRO
DE LA SELVA

UN CACHORRO DE HOMBRE APARECIÓ UN DÍA SOLO EN LA SELVA Y LOS LOBOS DECIDIERON ADOPTARLO. COMO NO TENÍA PELO, LO LLAMARON MOWGLI, QUE EN SU IDIOMA SIGNIFICA «LA RANA».

EL NIÑO TENÍA UN GRAN
ENEMIGO, EL TIGRE SHERE KHAN.
PERO SUS AMIGOS BAGHEERA
Y BALOO LO PROTEGÍAN.

MOWGLI CRECIÓ, PERO EL TIGRE
SEGUÍA SIENDO UNA AMENAZA
PARA ÉL. POR ESO, UN DÍA
DE TORMENTA CONSERVÓ UN
FUEGO...

Y SE LO LANZÓ A SHERE KHAN EN CUANTO LO VIO, PUES ESTE TEMÍA AL FUEGO.

EN UNA OCASIÓN, UNOS MONOS
TRAVIESOS CAPTURARON A
MOWGLI Y LO LLEVARON A SU
GUARIDA, DONDE ESTABA
SU REY.

197

PERO SUS AMIGOS LO
RESCATARON MUY PRONTO
Y DIERON UNA BUENA
PALIZA A LOS MONOS.

199

EL TIGRE SEGUÍA
AMENAZANDO A MOWGLI,
PERO ESTE LE LANZÓ
FUEGO DE NUEVO...
Y SHERE KHAN YA
NO VOLVIÓ MÁS.

UN DÍA, MOWGLI VIO A UNA NIÑA CANTANDO AL BORDE DEL RÍO. HABÍA IDO A COGER AGUA CON UNA VASIJA PARA LLEVAR A LA ALDEA.

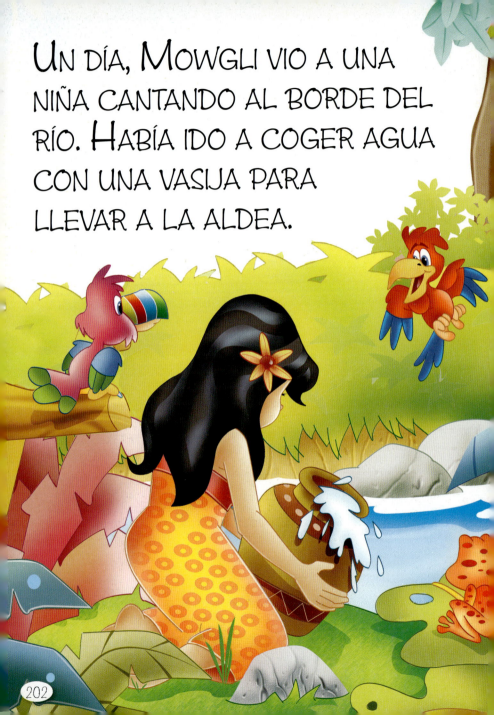

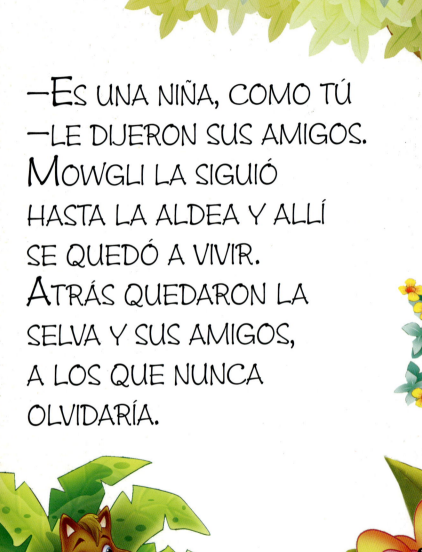

—Es una niña, como tú
—le dijeron sus amigos.
Mowgli la siguió
hasta la aldea y allí
se quedó a vivir.
Atrás quedaron la
selva y sus amigos,
a los que nunca
olvidaría.

ALADINO

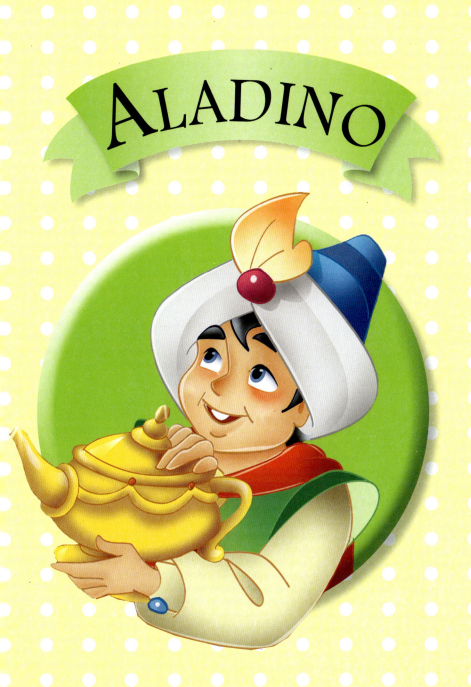

HABÍA UNA VEZ EN BAGDAD UN NIÑO LLAMADO ALADINO. UN DÍA, UN EXTRAÑO LE OFRECIÓ DINERO A CAMBIO DE QUE LO ACOMPAÑARA.

EL HOMBRE LO LLEVÓ HASTA UN LUGAR DONDE PRONUNCIÓ UNOS CONJUROS.

CUANDO TERMINÓ DE HACER
SU MAGIA, LA TIERRA SE ABRIÓ
Y APARECIÓ UN GRAN TESORO.

—Dame solo la lámpara,
el tesoro es para ti
—dijo el extraño.
Aladino, asombrado,
no escuchaba, y la
cueva se cerró
nuevamente.

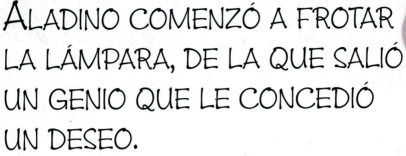

ALADINO COMENZÓ A FROTAR LA LÁMPARA, DE LA QUE SALIÓ UN GENIO QUE LE CONCEDIÓ UN DESEO.

CONVERTIDO EN UN PRÍNCIPE,
FUE A PEDIR LA MANO DE
LA PRINCESA Y...
¡... SE CASARON!

Una mañana, el mago fue al palacio y le cambió la lámpara a la criada con un engaño. Y así consiguió todas las riquezas de Aladino.

PERO ALADINO CONSERVABA
TODAVÍA UN ANILLO MÁGICO
QUE ENCONTRÓ EN LA CUEVA,
Y ORDENÓ A SU GENIO:
—TRAE MIS RIQUEZAS
Y AL MAGO
DE REGRESO.

EL GENIO
ASÍ LO HIZO,
Y EL TRAIDOR FUE
DESTERRADO A
UN REMOTO PAÍS.

Aladino vivió rico y feliz con la princesa y siempre contó con los dos genios, que lo ayudaron a gobernar con generosidad cuando se convirtió en rey.

El lobo y los
SIETE CABRITILLOS

Una mañana, mamá cabra salió de casa para ir al mercado, pero antes advirtió a sus siete cabritillos:

—No abráis la puerta, pues puede ser el lobo, que os quiere comer.

AL RATO LLAMÓ EL LOBO Y
SE HIZO PASAR POR LA MAMÁ,
PERO, AL VER SU PIEL OSCURA,
NO LE ABRIERON
LA PUERTA.

EL ASTUTO ANIMAL METIÓ
LAS PATAS EN HARINA
PARA QUE FUESEN BLANCAS
Y ASÍ ENGAÑAR A LOS
CABRITILLOS.

ESTA VEZ, LOS PEQUEÑOS CAYERON EN EL ENGAÑO. NADA MÁS ENTRAR, EL LOBO SE LOS TRAGÓ DE UN BOCADO.

CUANDO VOLVIÓ, MAMÁ CABRA ENCONTRÓ AL MENOR DE SUS HIJOS ESCONDIDO DENTRO DEL RELOJ. JUNTOS, IDEARON UN PLAN DE RESCATE.

CON UNAS TIJERAS,
HILO Y AGUJA, FUERON
EN BUSCA DEL LOBO,
QUE DORMÍA JUNTO
AL RÍO CON LA PANZA
LLENA.

La mamá le abrió la barriga y los cabritillos salieron. Luego le llenó la tripa con piedras y lo volvió a coser.

241

CUANDO DESPERTÓ, EL
LOBO TENÍA MUCHA SED, ASÍ
QUE SE FUE A BEBER AL RÍO,
PERO, CON EL PESO DE LAS
PIEDRAS, SE HUNDIÓ.

DESDE ENTONCES,
MAMÁ CABRA Y SUS
CABRITILLOS VIVIERON
TRANQUILOS Y FELICES,
SIN QUE EL LOBO
VOLVIERA A
MOLESTARLOS.

BLANCANIEVES

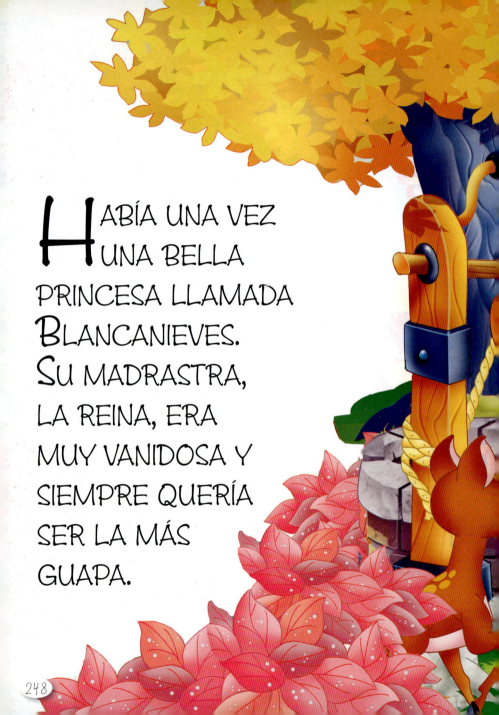

Había una vez una bella princesa llamada Blancanieves. Su madrastra, la reina, era muy vanidosa y siempre quería ser la más guapa.

UN DÍA, EL ESPEJO MÁGICO LE
DIJO A LA REINA QUE AHORA
BLANCANIEVES ERA LA MÁS
HERMOSA.

ENFADADA, ORDENÓ A UN CAZADOR QUE LA MATARA, PERO ÉL TUVO PIEDAD Y LA DEJÓ HUIR AL BOSQUE.

BLANCANIEVES ENCONTRÓ UNA CASITA PERDIDA Y ENTRÓ EN ELLA. PERO ERA MUY CURIOSA: ¡TODO ALLÍ ERA PEQUEÑO!

Cansada como estaba, comió y luego durmió sobre siete camitas. Cuando llegaron los dueños, se quedaron asombrados.

ERAN SIETE ENANITOS Y TODOS
ESTUVIERON DE ACUERDO EN
ACOGERLA EN SU
CASA PARA
QUE VIVIERA
CON
ELLOS.

LA MALVADA REINA SE ENTERÓ Y ALLÍ FUE, DISFRAZADA DE ANCIANA, PARA OFRECER A BLANCANIEVES UNA MANZANA ENVENENADA.

LOS ENANITOS PENSARON QUE ESTABA MUERTA Y, LLORANDO DE PENA, LA PUSIERON EN UNA URNA DE CRISTAL.

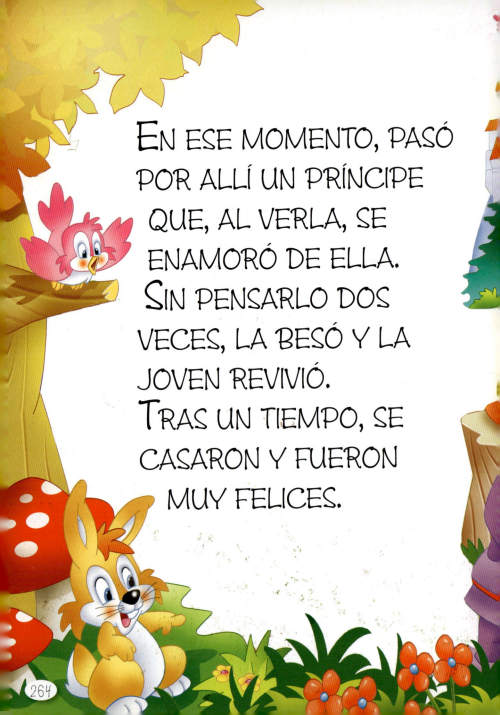

En ese momento, pasó por allí un príncipe que, al verla, se enamoró de ella. Sin pensarlo dos veces, la besó y la joven revivió.

Tras un tiempo, se casaron y fueron muy felices.

PULGARCITO

UNA NOCHE, PULGARCITO ESCUCHÓ A SUS PADRES, QUE ERAN MUY POBRES, DECIR QUE AL DÍA SIGUIENTE LOS ABANDONARÍAN EN EL BOSQUE A ÉL Y A SUS SEIS HERMANOS.

ANTES DE PARTIR, LES DIERON UN ÚLTIMO TROZO DE PAN Y PULGARCITO FUE DEJANDO MIGAS POR EL CAMINO PARA LUEGO SABER VOLVER A CASA.

PERO LOS PÁJAROS SE
COMIERON LAS MIGAS DE PAN
Y LOS NIÑOS SE PERDIERON.

273

CAMINANDO, LLEGARON A UNA CASA DONDE VIVÍA UN OGRO. SU MUJER LOS INVITÓ A ENTRAR.

AUNQUE LOS ESCONDIÓ BIEN,
EL OGRO TENÍA BUEN OLFATO
Y LOS DESCUBRIÓ.

LA MUJER CONVENCIÓ A SU MARIDO PARA QUE LOS COMIERA AL DÍA SIGUIENTE Y ASÍ LES DIO TIEMPO A ESCAPAR.

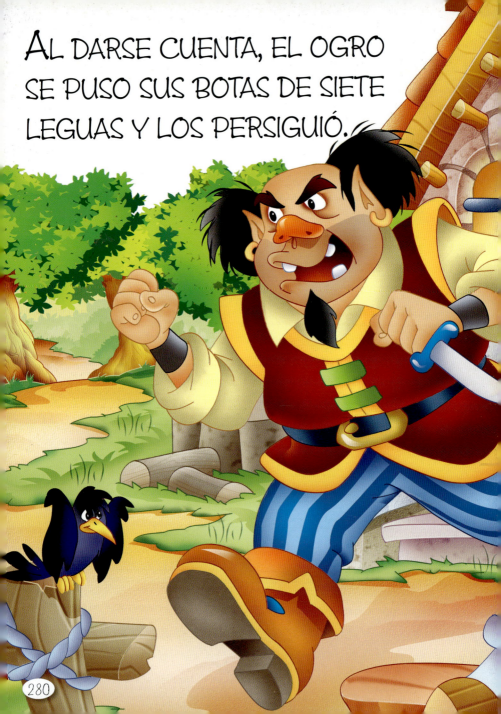

AL DARSE CUENTA, EL OGRO SE PUSO SUS BOTAS DE SIETE LEGUAS Y LOS PERSIGUIÓ.

CANSADO DE CAMINAR, SE
ECHÓ A DORMIR. PULGARCITO
APROVECHÓ EL MOMENTO Y
LE QUITÓ LAS BOTAS MÁGICAS.

CON ELLAS EN LOS PIES,
VOLVIÓ A CASA CON SUS
HERMANOS.
GRACIAS A ESAS BOTAS,
PULGARCITO SE CONVIRTIÓ
EN CARTERO DEL REY
Y SU FAMILIA VIVIÓ
UNIDA Y FELIZ.

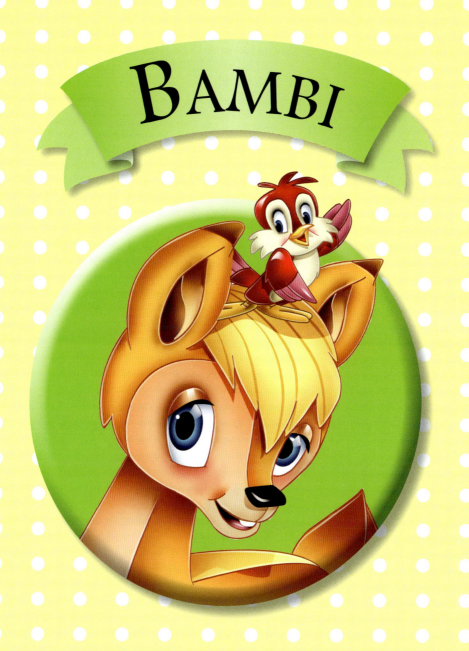

BAMBI

En un bosque, a comienzos de un verano, nació Bambi, un bonito cervatillo. Aquel fue un día de gran alegría y muchos animales se acercaron a conocer al recién nacido.

289

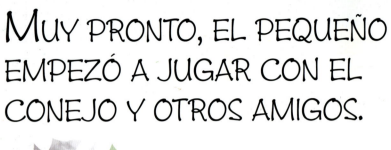

MUY PRONTO, EL PEQUEÑO EMPEZÓ A JUGAR CON EL CONEJO Y OTROS AMIGOS.

AL LLEGAR EL INVIERNO Y LA NIEVE, EL BOSQUE ERA MUY DIVERTIDO. ¡TODOS QUERÍAN TIRARSE BOLAS!
FUE ENTONCES CUANDO BAMBI CONOCIÓ A LA CERVATILLA FALINA.

PERO UN DÍA, UNOS
CAZADORES MATARON
A LA MADRE DE BAMBI
DE UN DISPARO.

EL PEQUEÑO SE QUEDÓ
DESOLADO, PERO SU PADRE,
EL GRAN PRÍNCIPE DEL
BOSQUE, SE HIZO CARGO
DE ÉL.

CUANDO TERMINÓ EL INVIERNO, BAMBI, AL QUE YA LE HABÍAN SALIDO UNOS CUERNECILLOS EN LA CABEZA, SE REENCONTRÓ CON FALINA.

Un día, se declaró un gran incendio en el bosque. Todos tuvieron que huir para ponerse a salvo.

301

SU PADRE Y ÉL GUIARON A
LOS ANIMALES AL OTRO LADO
DEL RÍO, FUERA DEL ALCANCE
DE LAS LLAMAS.

Y así, Bambi pudo seguir creciendo y llegar a lucir una bonita cornamenta, con la que él también se convirtió en el gran príncipe del bosque.

305

PETER PAN

UNA NOCHE, PETER PAN Y SU AMIGA, EL HADA CAMPANILLA, ENTRARON POR UNA VENTANA DE LA CASA DE LA FAMILIA DARLING, DONDE VIVÍAN WENDY, MICHAEL Y JOHN, Y LES INVITÓ A IR CON ÉL AL PAÍS DE NUNCA JAMÁS.

CON AYUDA DE UNOS POLVOS MÁGICOS, TODOS SALIERON VOLANDO POR LA VENTANA.

PERO AL LLEGAR
AL PAÍS DE NUNCA
JAMÁS, EL CAPITÁN
GARFIO LOS
RECIBIÓ A
CAÑONAZOS.

EL JEFE INDIO LOS TOMÓ COMO PRISIONEROS, PUES CREYÓ QUE HABÍAN RAPTADO A SU HIJA.

PETER PAN SABÍA QUE ELLA ESTABA EN EL BARCO PIRATA, ASÍ QUE VOLÓ HASTA ALLÍ Y LIBERÓ A LA PRINCESA.

MIENTRAS TANTO, EL CAPITÁN
GARFIO FUE ATACADO POR EL
MISMO COCODRILO QUE YA
LE HABÍA COMIDO LA
MANO.

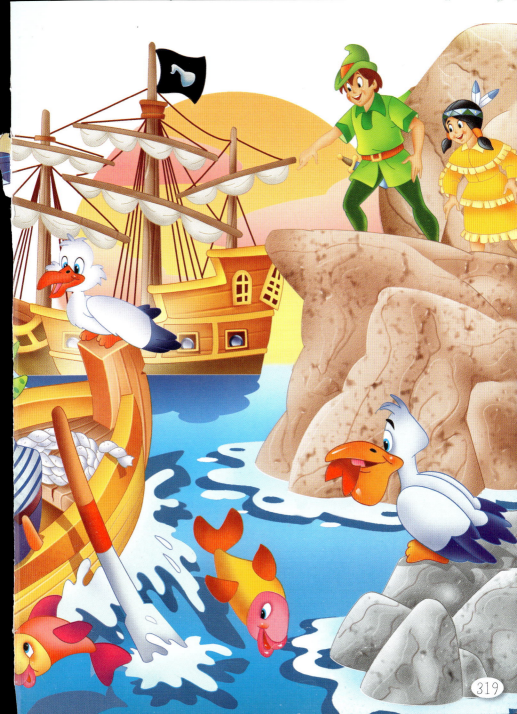

CAMPANILLA, CELOSA DE LA AMISTAD DE PETER Y WENDY, REVELÓ A LOS PIRATAS DÓNDE SE ESCONDÍAN TODOS LOS NIÑOS.

LOS PIRATAS LOS LLEVARON
AL BARCO Y, CUANDO IBAN A
LANZARLOS AL AGUA, LLEGÓ
PETER PAN AL RESCATE.

Una vez salvados, él y Campanilla llevaron de vuelta a casa a Wendy, Michael y John, y Peter Pan volvió al país de Nunca Jamás, donde siempre será un niño.

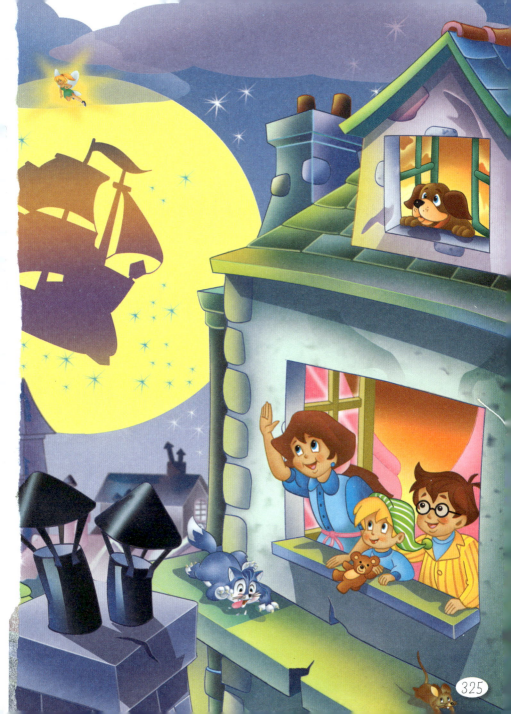